ILUSTRAÇÕES:
SÉRGIO GUILHERME FILHO

Ciranda Cultural

Dados Internacionais de Catalogação na Publicação (CIP) de acordo com ISBD

D192s   Dante, Luiz Roberto

Superdesafios - Problemas e estímulos matemáticos / Luiz Roberto Dante ; ilustrado por Sérgio Guilherme Filho. - Jandira, SP : Ciranda Cultural, 2025.
80 p. : il.; 20,10cm x 26,80cm.

ISBN: 978-65-261-1188-8

1. Educação infantil. 2. Desafios. 3. Matemática. 4. Aprendizado. I. Filho, Sérgio Guilherme . II. Título.

CDD 372.2
CDU 372.4

2023-1690

Elaborada por Lucio Feitosa - CRB-8/8803

Índice para catálogo sistemático:
1. Educação infantil 372.2
2. Educação infantil 372.4

© 2025 Ciranda Cultural Editora e Distribuidora Ltda.

Texto © Luiz Roberto Dante
Ilustrações © Sérgio Guilherme Filho
Editora: Elisângela da Silva
Assistente editorial: Fabiana Oliveira
Revisão: Thiago Fraga e Daniela Mendes
Diagramação: Natalia Renzzo e Darlene Escribano
Produção: Ciranda Cultural

1ª Edição em 2025
www.cirandacultural.com.br
Todos os direitos reservados. Nenhuma parte desta publicação pode ser reproduzida, arquivada em sistema de busca ou transmitida por qualquer meio, seja ele eletrônico, fotocópia, gravação ou outros, sem prévia autorização do detentor dos direitos, e não pode circular encadernada ou encapada de maneira distinta daquela em que foi publicada, ou sem que as mesmas condições sejam impostas aos compradores subsequentes.

Apresentação

SUPERDESAFIOS — Problemas e Estímulos Matemáticos é um livro paradidático dirigido à Educação Infantil e ao primeiro ciclo do Ensino Fundamental. Ideias matemáticas na forma de problemas, desafios, enigmas e quebra-cabeças são expostas por super-heróis que envolvem a criança na busca de soluções criativas para as atividades propostas. Didático complementar, motiva o pensamento lógico, a descoberta e o aprendizado da matemática com muita brincadeira e diversão. Todos os desafios são acompanhados por uma AÇÃO na qual a criança manipula concretamente objetos e descobre conceitos e propriedades matemáticas.

CONHEÇA OS NOSSOS SUPER-HERÓIS...

SUPERLEÃO

CHARLOTE

URSO ATÔMICO

COELHO A JATO

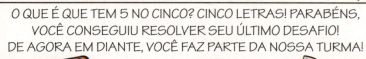

DENTRO OU FORA?

PINTE O PEIXE QUE ESTÁ DENTRO DO AQUÁRIO.

▶ PINTE O ANIMAL QUE ESTÁ FORA DA CASA.

AÇÃO! DIGA ALGUMAS COISAS QUE ESTÃO DENTRO DE SUA SALA DE AULA E OUTRAS QUE ESTÃO FORA DELA.

1 UM

TRÊS TAMANHOS

EU SOU O PEQUENO.

EU SOU O MÉDIO.

EU SOU O GRANDE.

 NO QUADRO ABAIXO,

PINTE DE O GRANDE;
PINTE DE OS PEQUENOS;
PINTE DE OS MÉDIOS.

 MOSTRE, NA SUA SALA DE AULA, ALGUMA COISA PEQUENA, UMA MÉDIA E OUTRA GRANDE.

2 DOIS

LIGUE CERTO

LIGUE DA MANEIRA QUE VOCÊ ACHAR CORRETA.

R.1-C-2-A-3-B-4-E-5-F-6-D.

RECORTE ALGUMAS FIGURAS E COLE-AS NUMA FOLHA. DEPOIS, COLE PALITOS DE SORVETE PARA LIGAR AS FIGURAS PARECIDAS.

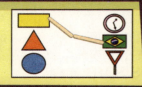

3 TRÊS

NA TABELA, MARQUE A FIGURA QUE SE RELACIONA COM O SÍMBOLO.

SÍMBOLOS	FIGURAS

R: MOEDA; CARRO; CARRO DE FÓRMULA 1.

 RECORTE FIGURAS QUE TENHAM A VER E QUE NÃO TENHAM A VER COM OS SÍMBOLOS. PEÇA PARA UM AMIGO RELACIONÁ-LAS COM OS SÍMBOLOS.

AÇÃO!

4 QUATRO

VAMOS MEDIR?

COM A MÃO ABERTA, DA PONTA DO MINDINHO ATÉ A PONTA DO POLEGAR TEMOS **1 PALMO**.

1 Palmo

▶ QUANTOS PALMOS TEM...

1- O COMPRIMENTO DA MESA DO PROFESSOR? _____

2- O COMPRIMENTO DO SEU BRAÇO? _____

3- O COMPRIMENTO DA LOUSA? _____

▶ DOS OBJETOS MEDIDOS, MARQUE COM UM **X**.

1- O MAIS CURTO.

2- O MAIS COMPRIDO.

1, 2 E 3: RESPOSTA PESSOAL. 1- BRAÇO; 2- LOUSA.

AÇÃO! QUANTOS PALMOS DE COMPRIMENTO VOCÊ ACHA QUE TEM A GELADEIRA DA SUA CASA? MEÇA E CONFIRA SE VOCÊ ACERTOU.

5 CINCO

DO MENOR PARA O MAIOR

COMPLETE DESENHANDO DO MENOR PARA O MAIOR.

A ___ A ___ A

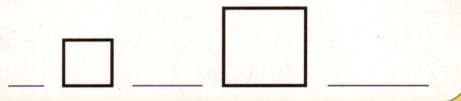

▶ AGORA VOCÊ INVENTA...

 COLOQUE EM FILA SEUS LÁPIS DE COR, DO MENOR PARA O MAIOR. DESENHE NUMA FOLHA A SUA FAMÍLIA, DO MENOR PARA O MAIOR. EMBAIXO, ESCREVA O NOME DE CADA UM.

UM ESTRANHO NO NINHO

UM INTRUSO!

FAÇA UMA LINHA EM VOLTA DO QUE NÃO FAZ PARTE DO GRUPO.

1   A   4   6

 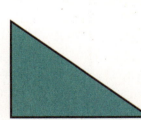  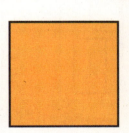

R: GATO; LETRA A; QUADRADO.

 RECORTE CINCO FIGURAS DE ANIMAIS QUE TENHAM CARACTERÍSTICAS EM COMUM. DESAFIE SEUS AMIGOS A ADIVINHAR QUAL CARACTERÍSTICA VOCÊ ESCOLHEU PARA FORMAR O GRUPO.

8 OITO

PAINEL DE CONTROLE

"UM PAINEL JÁ ESTÁ PRONTO."

"AGORA É COM VOCÊ! COPIE OS BOTÕES IGUAIZINHOS E NAS MESMAS POSIÇÕES."

 BRINQUE DE JOGO DA VELHA COM SEU COLEGA.

PINTOU ALGO ERRADO!

O COELHO A JATO, SEMPRE APRESSADO, PINTOU O RETRATO DO TICO, MAS ESQUECEU ALGUNS DETALHES.

▶ OBSERVE O TICO E DESENHE NO QUADRO O QUE ESTÁ FALTANDO.

 FAÇA UM DESENHO BEM BONITO. DEPOIS, DEIXE-O BEM COLORIDO.

10 DEZ

É SÓ LIGAR

LIGUE CADA NAVE ESPACIAL A UM ASTRONAUTA.

1- O QUE HÁ **MAIS**: NAVES 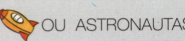 OU ASTRONAUTAS ? _____

2- AGORA, LIGUE E RESPONDA: _____

3- HÁ **MENOS** BEIJA-FLORES OU FLORES 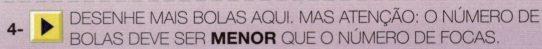 ? _____

4- DESENHE MAIS BOLAS AQUI. MAS ATENÇÃO: O NÚMERO DE BOLAS DEVE SER **MENOR** QUE O NÚMERO DE FOCAS.

1- ASTRONAUTAS. 3- BEIJA-FLORES.

 SEM CONTAR, COMO VOCÊ PODE DIZER SE NA SUA CLASSE HÁ MAIS MENINOS OU MENINAS?

CAMINHOS DIFERENTES

DESVIANDO DE PLANETAS E ESTRELAS, DESENHE 2 CAMINHOS DIFERENTES DO FOGUETE ATÉ A BASE.

▶ TENTE FAZER O MENOR CAMINHO POSSÍVEL.

NA SUA SALA DE AULA OU NO PÁTIO DA ESCOLA, MARQUE UM PONTO DE PARTIDA E UM PONTO DE CHEGADA E VERIFIQUE QUAL É O CAMINHO MAIS COMPRIDO E O CAMINHO MAIS CURTO QUE VOCÊ PODE FAZER ENTRE ESSES DOIS PONTOS.

NO SENTIDO CERTO

O QUE SIGNIFICA ESTA PLACA? CONVERSE COM SEUS COLEGAS.

13 TREZE

AMIGOS ESTRANHOS

CONHEÇAM MEUS NOVOS AMIGOS! ESTE AQUI É O UM.

UM

▶ OBSERVE, PENSE E COMPLETE O QUE FALTA NOS OUTROS AMIGOS DO URSO ATÔMICO.

TRÊS

QUATRO

R: DOIS OLHOS E A PALAVRA "DOIS"; UMA PERNA; DOIS OLHOS.

USANDO LÁPIS COLORIDO OU GIZ DE CERA, INVENTE ALGUMAS "SEGUIDINHAS" E PEÇA A UM COLEGA PARA CONTINUAR.

AS PEÇAS DO CASTELO

OBSERVE O CASTELO QUE MONTEI...

▶ RESPONDA...

QUANTAS 🔺 ? _____

QUANTOS 🟧 ? _____

QUANTOS 🟡 ? _____

QUANTOS ▬ ? _____

QUANTOS 🔺 ? _____

QUANTOS 🟧 E ▬ JUNTOS? _____

R: 1 PIRÂMIDE, 2 CUBOS, 3 CILINDROS, 4 RETÂNGULOS, 4 CONES, 5 CUBOS E RETÂNGULOS.

AÇÃO! CONSTRUA VÁRIOS CASTELOS USANDO OS SÓLIDOS GEOMÉTRICOS. EM CADA UM, CONTE QUANTAS PEÇAS VOCÊ USOU.

17 DEZESSETE

ROLA OU NÃO ROLA?

QUANTO ESFORÇO! DÊ UMA AJUDA AOS MEUS PRIMOS. PINTE OS OBJETOS QUE NÃO ROLAM.

R: RÁDIO, PIRÂMIDE E DADO.

PEGUE OS SÓLIDOS GEOMÉTRICOS E SEPARE OS QUE ROLAM DOS QUE NÃO ROLAM. DESCUBRA POR QUE UNS ROLAM E OUTROS NÃO.

18 DEZOITO

ONDE OS BICHOS MORAM!

OBSERVE AS CASAS DOS BICHOS

A- ▶ QUANTOS ANDARES EXISTEM NA CASA DO 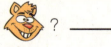 ? _____

B- ▶ QUANTOS ANDARES EXISTEM NA CASA DA  ? _____

C- ▶ MARQUE COM UM **X**.

1- QUEM TEM A CASA MAIS BAIXA.

2- QUEM TEM A CASA MAIS ALTA.

R:A-2,B-3,C- 1 b,2-a.

 CONSTRUA UMA CIDADE, COM RUAS, CASAS E PRÉDIOS. USE BLOCOS DE MADEIRA E EMBALAGENS DE TAMANHOS DIFERENTES.

19 DEZENOVE

PRIMEIRO, SEGUNDO E TERCEIRO

VEJA ESTES QUADRINHOS E DESCUBRA A SEQUÊNCIA CORRETA DELES. COLOQUE 1º, 2º E 3º NO ☐.

▶ QUANTOS BLOCOS HÁ EM CADA QUADRINHO? _____

R: 3º, 2º, 1º; 7 BLOCOS.

 **AÇÃO!** QUAL É A 1ª COISA QUE VOCÊ FAZ DE MANHÃ? E A 2ª? E A 3ª?

20 VINTE

VAMOS DESENHAR?

"ESTÃO FALTANDO COISAS NO DESENHO ABAIXO..."

▶ **DESENHE MAIS...**

CINCO ESTRELAS   **UMA** CASA   **QUATRO** PESSOAS

DUAS ÁRVORES   **TRÊS** FLORES

▶ QUANTAS NO TOTAL? _____   ▶ QUANTAS NO TOTAL? _____

R: 8 ESTRELAS, 4 FLORES.

 FAÇA UM DESENHO BEM BONITO NUMA FOLHA. DEPOIS, CONTE QUANTAS COISAS VOCÊ COLOCOU NO DESENHO.

21 VINTE E UM

ATAQUE-SURPRESA

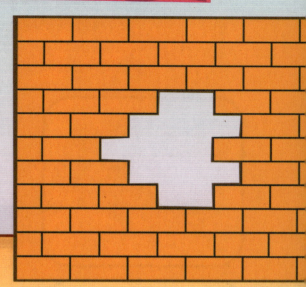

1- ▶ PINTE O BLOCO QUE CONSERTA O MURO.

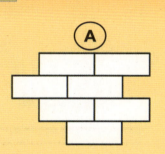
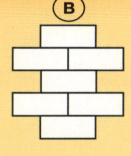
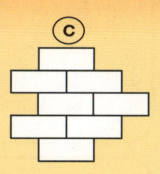
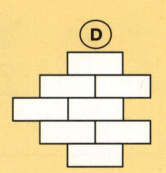
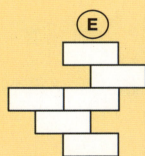
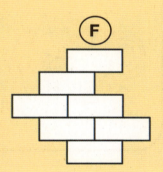

2- ▶ QUANTOS TIJOLOS ESTÃO FALTANDO NO MURO? _____

R.: 1- D; 2- 8 TIJOLOS.

CONSTRUA MUROS USANDO AS BARRINHAS COLORIDAS OU OS SÓLIDOS GEOMÉTRICOS. CONTE QUANTAS BARRINHAS OU SÓLIDOS VOCÊ USOU EM CADA MURO.

CADA MACACO NO SEU GALHO

LIGUE CADA FAMÍLIA DE MACACOS A UMA ÁRVORE DE MODO QUE FIQUE CADA MACACO NO SEU GALHO.

▶ COMPLETE:
A FAMÍLIA MAIOR TEM _____ MACACOS.
A ÁRVORE COM MENOS GALHOS TEM _____ GALHOS.

R: 4 MACACOS, 2 GALHOS.

O QUE VOCÊ TEM MAIS:
LÁPIS PRETO OU LÁPIS DE COR?

23 VINTE E TRÊS

FOGUETE ATÔMICO

QUAL É O FOGUETE ATÔMICO?

ELE TEM 4 JANELAS. É AZUL E TEM ESCADA. A ESCADA TEM 3 DEGRAUS.

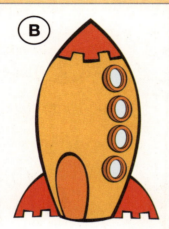

BRINQUE COM SEU COLEGA DE ADIVINHAR NÚMEROS. VOCÊ PENSA NUM NÚMERO E ELE TENTA DESCOBRIR FAZENDO NO MÁXIMO 5 PERGUNTAS. VOCÊ SÓ PODE RESPONDER "SIM" OU "NÃO". DEPOIS, INVERTA OS PAPÉIS.

O QUE É, O QUE É?

QUEM ADIVINHA O QUE É?

1- O QUE É, O QUE É?
... QUANTO MAIS TIRA, MAIOR FICA.

2- O QUE É, O QUE É?
... TEM DEDO MAS NÃO TEM CORPO.

3- O QUE É, O QUE É?
... NASCE GRANDE E MORRE PEQUENO.

R.: 1- BURACO, 2- LUVA, 3- LÁPIS.

 PENSAR É DIVERTIDO!
BRINQUE DE "O QUE É, O QUE É?"
COM SEUS COLEGAS.

FIGURAS FORMAM FIGURAS!

OBSERVE CADA FIGURA E RESPONDA:

A

QUANTOS ⬤ ? _____

QUANTOS ⬛ ? _____

MARQUE COM UM **X** O QUE TEM MAIS.

▬ OU ▲

B

QUANTOS ▲ ? _____

QUANTOS ▬ ? _____

QUANTOS ⬤ ? _____

QUANTOS ⬛ ? _____

C

MARQUE COM UM **X** QUAL DAS QUATRO FIGURAS NÃO FOI USADA.

R: A - 2 CÍRCULOS, 1 QUADRADO, 6 RETÂNGULOS E 5 TRIÂNGULOS. B - 4 TRIÂNGULOS, 5 RETÂNGULOS, 1 CÍRCULO E 1 QUADRADO. C - QUADRADO.

 USE AS PEÇAS DOS BLOCOS LÓGICOS E FORME O ANIMAL QUE VOCÊ MAIS GOSTA.

26 VINTE E SEIS

DESCUBRA O SEGREDO E CONTINUE.

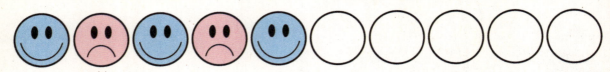

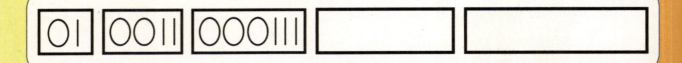

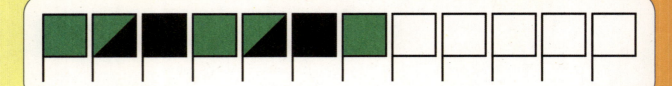

USANDO OS BLOCOS LÓGICOS, INVENTE ALGUMAS "SEGUIDINHAS" E PEÇA A UM COLEGA PARA CONTINUAR.

JOGO DOS 7 ERROS

▶ O SUPERLEÃO É CAMPEÃO EM ARCO E FLECHA. SERÁ QUE VOCÊ É UM CAMPEÃO EM ACHAR 7 ERROS?

R.: 1- PENA NO CHAPÉU, 2- FLECHA NA BOLSA, 3- CINTO DO SUPERLEÃO, 4- RABO DO SUPERLEÃO, 5- NUVEM, 6- MAÇÃ, 7- CAMISETA DO SEGUNDO PERSONAGEM.

CRIE DOIS DESENHOS IGUAIS E EM UM DELES APLIQUE 7 DIFERENÇAS. DESAFIE UM AMIGO A ENCONTRÁ-LAS.

CORES E FORMAS

ENCONTRE AS FIGURAS PARECIDAS COM AS DA CASA ESPACIAL. PINTE-AS COM A MESMA COR QUE ELA APARECE NA CASA.

RECORTE VÁRIAS FIGURAS COMO ESSAS NUM PAPEL COLORIDO E MONTE UM PAINEL BEM LEGAL! INVENTE UM NOME PARA O PAINEL.

PROCURE FIGURAS COMO AS DO EXEMPLO ACIMA E COLE-AS NUMA FOLHA DE PAPEL-SULFITE FORMANDO DESENHOS BEM BONITOS!

QUE BICHOS ESQUISITOS!

PINTE DA MESMA COR OS BICHOS COM O MESMO NÚMERO DE PÉS.

 DESENHE NUMA FOLHA UM BICHO BEM ESTRANHO. DÊ UM NOME A ELE.

31 TRINTA E UM

SISTEMA SOLAR

A- ▶ OS PLANETAS MAIS PRÓXIMOS DA TERRA SÃO: __2__ E __4__

B- ▶ QUAL O PLANETA MAIS DISTANTE DA TERRA? _____

C- ▶ QUAL O MAIOR PLANETA? _____

D- ▶ QUAL O MENOR PLANETA? _____

 QUAL É A COR DO MAIOR LÁPIS QUE VOCÊ TEM? E A DO MENOR?

CARA DE PALHAÇO

PINTE O PALHAÇO QUE TEM A CABEÇA MAIS PARECIDA COM A MINHA.

AÇÃO! NUMA FOLHA DE PAPEL, FAÇA UM DESENHO FORMADO SÓ DE QUADRADOS E PINTE-O. INVENTE UM TÍTULO PARA ELE.

33 TRINTA E TRÊS

O DUELO ENTRE DADOS

VAMOS VER QUEM FAZ MAIS PONTOS NO JOGO DE DADOS?

VAMOS VER!

▶ FAÇA UM **X** NO VENCEDOR DE CADA JOGO.

JOGO 1

JOGO 2
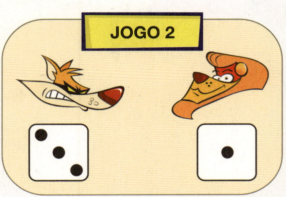

JOGO 3
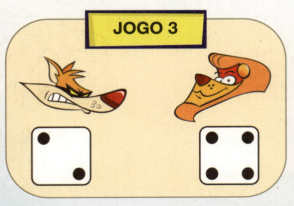

JOGO 4

▶ MARQUE COM UM **X** QUEM VENCEU MAIS JOGOS.

R.1 - JOGO 1 = SUPERLEÃO; JOGO 2 = RAPOSA; JOGO 3 = SUPERLEÃO; JOGO 4 = SUPERLEÃO. 2 - SUPERLEÃO.

JOGO: PEGUE UM DADINHO E JOGUE COM SEU COLEGA. EM CADA JOGADA, QUEM TIRAR A QUANTIDADE MAIOR GANHA 1 PONTO. VENCE O JOGO QUEM FIZER 7 PONTOS PRIMEIRO.

BRINCANDO COM PALITOS

PEGUE ALGUNS PALITOS DE SORVETE.

COM UM PALITO, FORMAMOS A LETRA i.

I

1- ▶ COM DOIS PALITOS, FORMAMOS AS LETRAS V E L.

V L

2- ▶ QUE OUTRAS LETRAS PODEMOS FORMAR COM 2 PALITOS?

3- ▶ QUE LETRAS PODEMOS FORMAR COM 3 PALITOS?

4- ▶ QUE LETRAS PODEMOS FORMAR COM 4 PALITOS?

R: 2-T, X; 3-A, F, H, K, N, Y, Z; 4-E, M, W.

AÇÃO!

COLANDO PALITOS NUMA FOLHA, FORME OS SÍMBOLOS 0 1 2 3 4 5 6 7 8 9.

36 TRINTA E SEIS

CONTANDO ESTRELAS

NA CONSTELAÇÃO ALFA HAVIA **9** ESTRELAS, MAS O PORCÃO SEQUESTROU ALGUMAS. DESENHE AQUELAS QUE ELE SEQUESTROU.

PINTE AS ESTRELAS USANDO APENAS DUAS CORES.

▶ COMPARTILHE A MANEIRA QUE VOCÊ PINTOU COM A DO SEU COLEGA.

 A SOMA DOS PONTOS DE ALGUMAS PEÇAS DO DOMINÓ É 7. VEJA OS EXEMPLOS E DESENHE NUM PAPEL AS OUTRAS PEÇAS CUJO TOTAL DE PONTOS É 7.

TRINTA E SETE

PONTO A PONTO

LIGUE OS PONTOS SEGUINDO A ORDEM.

INVENTE UM DESENHO QUE PODE SER FORMADO LIGANDO PONTOS NA SEQUÊNCIA.

39 TRINTA E NOVE

TUDO PELA METADE

ALGUMAS COISAS ESTÃO PELA METADE...

▶ PINTE A OUTRA METADE.

▶ DESENHE A OUTRA METADE.

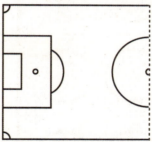

▶ AGORA, PINTE A METADE DE CADA UMA DAS FIGURAS.

AÇÃO! PEGUE UMA FOLHA DE PAPEL-SULFITE E DOBRE-A PELA METADE. CONFIRA COM SEU COLEGA TODAS AS MANEIRAS POSSÍVEIS DE FAZER ISSO.

40 QUARENTA

SEMPRE SEIS!

DESCUBRA O SEGREDO E COMPLETE O PAINEL.

🔴	🟢
6	0
5	1

R: VERMELHO = 6, 5, 4, 3, 2, 1, 0; VERDE = 0, 1, 2, 3, 4, 5, 6.

PEGUE 8 LÁPIS DO SEU ESTOJO E SEPARE-OS EM DOIS GRUPOS.
FAÇA ISSO DE TODAS AS MANEIRAS POSSÍVEIS.

DIREITA, ESQUERDA...

 DESENHE 3 FLORES NA MÃO ESQUERDA DA GATINHA.

 PINTE O QUE ESTIVER DO LADO ESQUERDO DO ELEFANTE.

 DESENHE 1 DO LADO ESQUERDO DO SAPO.
1 DO LADO DIREITO DO SAPO.

 BRINQUE DE SOLDADINHO MARCHANDO E FALANDO: "ESQUERDA, DIREITA, ESQUERDA, DIREITA...".

LEGAL! SANDUÍCHES!

SANDUÍCHES COM A MESMA FORMA DEVEM TER A MESMA QUANTIDADE DE AZEITONAS!

▶ COMPLETE DESENHANDO AZEITONAS.

 CONSTRUA AS FIGURAS ACIMA COLOCANDO PALITOS DE SORVETE NUMA FOLHA. QUANTOS PALITOS HÁ EM CADA UMA DELAS?

 43 QUARENTA E TRÊS

ELEFANTES ORGANIZADOS

HÁ ELEFANTE PRA TODO LADO! QUE TAL NUMERÁ-LOS

A- ▶ O QUE VEM DEPOIS?

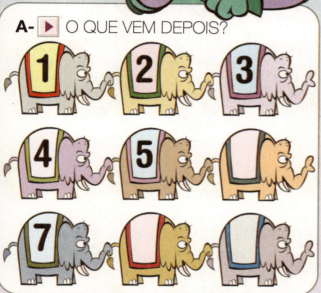

C- ▶ O QUE VEM ANTES?

B- ▶ O QUE ESTÁ ENTRE?

D- ▶ O QUE VEM ANTES? E DEPOIS?

R:A- 6,8,9. B- 8,3. C- 2,7,8,5. D- 1,3,4,6,7,9.

O QUE VOCÊ FAZ ANTES DO ALMOÇO? E DEPOIS? O QUE VOCÊ FAZ ENTRE O JANTAR E A HORA DE DORMIR?

O CAMINHO DO TESOURO

COLOQUE NA ORDEM AS CENAS ABAIXO E DESCUBRA COMO ENCONTREI O TESOURO.

A

D

C

B

E

R.: A-2ª; B-4ª; C-1ª; D-5ª; E-3ª.

AÇÃO! NA SUA FAMÍLIA, QUEM NASCEU EM 1º LUGAR, 2º LUGAR, 3º LUGAR, 4º LUGAR, ETC.?

46 QUARENTA E SEIS

URSO COMILÃO

DESCUBRA O SEGREDO E COMPLETE.

 QUANTAS MAÇÃS O URSO COMEU? _____

 CONSTRUA VÁRIAS FIGURAS USANDO APENAS 5 TAMPINHAS DE CADA VEZ. FAÇA O MESMO COM 8 TAMPINHAS.

QUANTAS BOLINHAS?

PRESTE ATENÇÃO! VOU COLOCAR **5** BOLINHAS NESTE SAQUINHO...

A- ▶ VOCÊ JÁ SABE QUE DENTRO DO SAQUINHO HÁ 5 BOLINHAS...

B- ▶ ENTÃO, QUANTAS BOLINHAS HÁ AQUI?

_____

C- ▶ E AGORA, QUANTAS BOLINHAS HÁ AQUI?

_____

D- ▶ DESENHE PARA COMPLETAR 9 BOLINHAS.

 PEGUE SUA CAIXA DE LÁPIS DE COR. QUANTOS LÁPIS EXISTEM NA CAIXA? DEIXE 5 LÁPIS DENTRO DELA E O RESTO FORA. QUANTOS LÁPIS FICARAM FORA?

48 QUARENTA E OITO

CONSTRUINDO MUROS

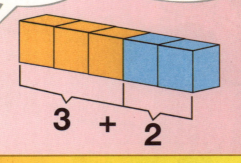

MURINHO DO 5

USANDO AS BARRINHAS COLORIDAS, CONSTRUA O MURINHO DO 4 E, DEPOIS, O DO 9.

O DUELO ENTRE DOIS DADOS

PUXA! NÃO CONSIGO VENCÊ-LO

QUE TAL USARMOS DOIS DADOS?

A- FAÇA UM **X** NO VENCEDOR DE CADA JOGO.

JOGO 1

TOTAL DE PONTOS ☐

TOTAL DE PONTOS ☐

JOGO 2

TOTAL DE PONTOS ☐

TOTAL DE PONTOS ☐

JOGO 3

TOTAL DE PONTOS ☐

TOTAL DE PONTOS ☐

B- MARQUE COM UM **X** QUEM VENCEU MAIS JOGOS.

R: A- JOGO 1 = RAPOSA- 6, SUPERLEÃO- 9, JOGO 2 = RAPOSA- 7, SUPERLEÃO- 3, JOGO 3 = RAPOSA- 6, SUPERLEÃO- 7; R: B- SUPERLEÃO.

JOGO: PEGUE 2 DADINHOS E JOGUE COM SEU COLEGA. EM CADA JOGADA, QUEM TIRAR A SOMA MAIOR GANHA 1 PONTO. VENCE QUEM FIZER 5 PONTOS PRIMEIRO.

BEM NA HORA!

ESTÁ NA HORA DE UM NOVO DESAFIO! DESENHE NOS RELÓGIOS AS HORAS EM QUE ESTAS CENAS ESTÃO ACONTECENDO.

 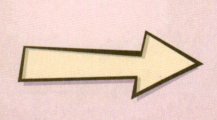 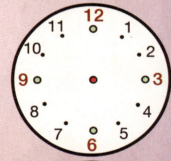

AÇÃO! USE SUA CRIATIVIDADE PARA CONSTRUIR UM RELÓGIO E BRINQUE DE DESCOBRIR AS HORAS COM SEUS COLEGAS.

QUANTO GASTOU?

A-  O COMPROU E . GASTOU R$

B- A COMPROU E . GASTOU R$

C- O COMPROU E . GASTOU R$

D- MARQUE COM UM **X** QUEM GASTOU MAIS.

R: A- R$ 3,00; B- R$ 4,00; C- R$ 6,00; D- SUPERLEÃO.

 REÚNA ALGUNS COLEGAS E, COM DINHEIRO DE MENTIRINHA, BRINQUEM DE COMPRAR E VENDER.

SUPERSECRETO

"USANDO O CÓDIGO, DESCUBRA QUAL FOI A MENSAGEM ENVIADA PELOS BANDIDOS."

MENSAGEM:

_ _ _ _ _   _ _ _ _ _ _ _ _ _ _

_ _ _   _ _ _ _ _ _

R: VAMOS CONQUISTAR O MUNDO.

INVENTE UM CÓDIGO E MANDE UMA MENSAGEM AO SEU MELHOR AMIGO.

53 CINQUENTA E TRÊS

COMO FOI A SEMANA?

OBSERVE ESTES SÍMBOLOS...

SOL   NUBLADO   CHUVA

AGORA, VEJA NA TABELA COMO FOI O TEMPO NA SEMANA PASSADA....

A- ▶ EM QUANTOS DIAS FEZ SOL? _____

B- ▶ EM QUANTOS DIAS CHOVEU? _____

C- ▶ QUANTOS DIAS FICARAM NUBLADOS? _____

D- ▶ QUANTOS DIAS EXISTEM NA SEMANA? _____

ESCREVA SEU NOME E O DIA DE SEU ANIVERSÁRIO EM UM CARTÃO. DEPOIS, NO MÊS CORRESPONDENTE, VOCÊ E SEUS COLEGAS VÃO COLAR O CARTÃO NUM QUADRO COMO ESTE.

JAN	FEV	MAR	ABR	MAI	JUN	JUL	AGO	SET	OUT	NOV	DEZ

O GRANDE DESAFIO

▶ FAÇA AS CONTINHAS PARA COMPLETAR A LEGENDA.

1	(branco)
1 + 1 =	(amarelo)
2 + 1 =	(vermelho)
2 + 2 =	(verde)
2 + 3 =	(azul)

▶ AGORA, PINTE USANDO A LEGENDA.

▶ DESENHE AS FIGURAS QUE VOCÊ PINTOU.

R: BRANCO - 1, AMARELO - 2, VERMELHO - 3, VERDE - 4, AZUL - 5.

 AÇÃO!

RECORTE VÁRIAS FIGURAS COMO ESSAS NUM PAPEL COLORIDO E FAÇA UM BONITO PAINEL.

A CAIXA DE VIDRO

OBSERVE ESTA CAIXA DE VIDRO!

NÓS DESMONTAMOS UMA IGUALZINHA, MAS PERDEMOS UM PEDAÇO.

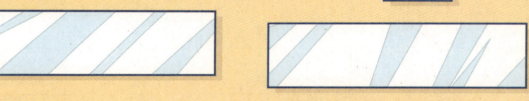

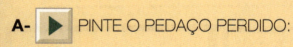

A- ▶ PINTE O PEDAÇO PERDIDO:

B- ▶ QUANTOS PEDAÇOS TEM A CAIXA DE VIDRO INTEIRA? _____

R.: A - QUADRADO. B - 6.

PEGUE UMA CAIXA DE CREME DENTAL. DESMONTE-A, RECORTE SUAS PARTES E COLE-AS EM UMA FOLHA DE PAPEL-SULFITE.

LADRÃO DE NÚMEROS

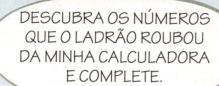

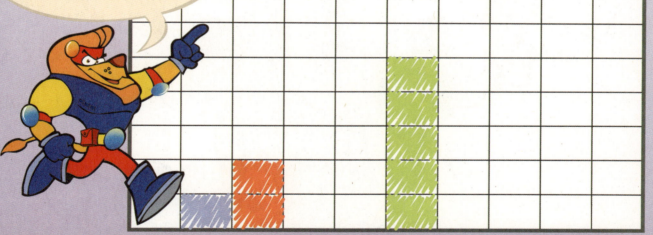

CONTE QUANTOS LÁPIS DE COR VOCÊ TEM.

58 CINQUENTA E OITO

QUE MONSTRÃO!

ESTE MONSTRO SÓ GOSTA DE **9**! COMPLETE AS BANDEIRINHAS ANTES QUE ELE FIQUE NERVOSO...

0 + 9
1 + 8
2 + ...
3 + ...
4 + ...
9 + 0
8 + ...
7 + ...
6 + ...
5 + ...

9 NOVE

R.: 4+5; 3+6; 2+7; 8+1; 7+2; 6+3; 5+4.

AÇÃO! PEGUE UMA CAIXA DE FÓSFOROS VAZIA E DIVIDA-A AO MEIO COM UM RISCO. PONHA 9 FEIJÕES NELA E FECHE-A. CHACOALHE BASTANTE E ABRA-A. CONTE QUANTOS FEIJÕES FICARAM DE UM LADO E QUANTOS FICARAM DO OUTRO LADO DA LINHA. REPITA ISSO VINTE VEZES E VÁ MARCANDO OS RESULTADOS.

59 CINQUENTA E NOVE

O SUPERSUCO

QUE DELÍCIA! QUE FRUTAS VOCÊ USOU NESTE SUCO?

É SEGREDO.

 DECIFRE O CÓDIGO ABAIXO E DESCUBRA QUAIS AS FRUTAS USADAS NO SUPERSUCO DA CHARLOTE.

CÓDIGO

FRUTAS

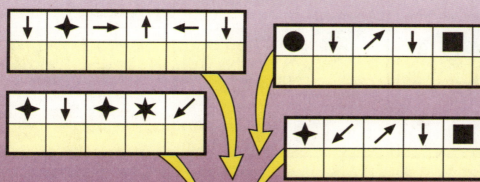

R: AMEIXA, LARANJA, MAMÃO, MORANGO

 DE QUE FRUTA VOCÊ MAIS GOSTA? RECORTE FIGURAS DE ALGUMAS FRUTAS E FAÇA UM PAINEL BEM LEGAL. INVENTE UM TÍTULO PARA O PAINEL.

60 SESSENTA

HISTÓRIAS COM NÚMEROS

 VOCÊ SABE CONTAR HISTÓRIAS? CONTE UMA PRA GENTE OUVIR.

A- TERMINE ESTA HISTÓRIA.

| CHARLOTE TINHA 3 ANÉIS. | GANHOU MAIS 1 DO SUPERLEÃO. | AGORA, ELA TEM _____ ANÉIS. |

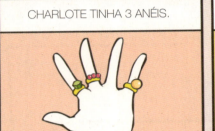  

B- COMPLETE ESTA HISTÓRIA.

| HAVIA _____ MAÇÃS NO CHÃO. | CAÍRAM _____ MAÇÃS DA ÁRVORE. | FICARAM _____ MAÇÃS NO CHÃO. |

  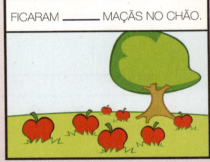

C- INVENTE UMA HISTÓRIA...

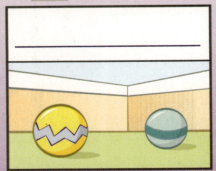 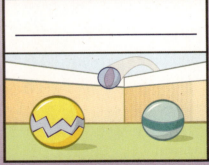 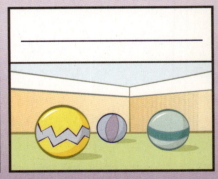

R: A- 4 ANÉIS. B- 4, 3 E 7. C- RESPOSTA PESSOAL.

 INVENTE UMA HISTÓRIA COM NÚMEROS E ILUSTRE-A COM DESENHOS.

ARRISQUE E CONFIRA

ARRISQUE UMA RESPOSTA E, DEPOIS, CONFIRA SE ESTÁ CORRETA.

1- QUANTOS CABEM NO SEU  ?

ARRISQUEI OU ESTIMEI _____.
CONFERINDO ENCONTREI _____.

2- QUANTAS TEM UMA ARANHA?

ARRISQUEI OU ESTIMEI _____.
CONFERINDO ENCONTREI _____.

3- QUANTOS TEM A  ?

ARRISQUEI OU ESTIMEI _____.
CONFERINDO ENCONTREI _____.

4- QUANTAS HÁ NO CARRO?

ARRISQUEI OU ESTIMEI _____.
CONFERINDO ENCONTREI _____.

5- QUANTAS TEM SUA  ?

ESTIMATIVA: _____ NÚMERO REAL: _____

R: 1- RESPOSTA PESSOAL, 2- 8 PATAS, 3- 5 BOTÕES, 4- 4 RODAS, 5- RESPOSTA PESSOAL

 ARRISQUE UMA RESPOSTA E, DEPOIS, CONFIRA: QUANTOS GOMOS HÁ NUMA LARANJA?

CONTATOS ESPACIAIS

R: NAVE 6 = 3+3; 2+4. NAVE 7 = 5+2; 3+4. NAVE 8 = 6+2; 3+5; 4+4. NAVE 9 = 5+4; 6+3.

 INVENTE UM DOMINÓ DE SOMAS. JOGUE COM SEUS COLEGAS.

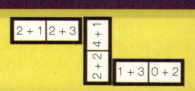

CAÇA - PALAVRAS

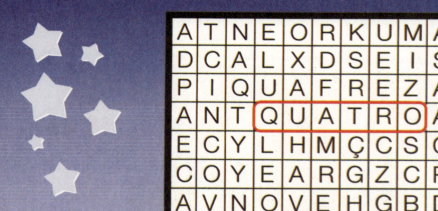

JÁ ENCONTREI O **TRÊS** E O **QUATRO**! PROCURE NO QUADRO OS NOMES DOS NÚMEROS E ESCREVA AQUI OS QUE VOCÊ ENCONTRAR.

TRÊS - 3
QUATRO - 4
_____
_____
_____
_____
_____
_____
_____

R: DOIS, TRÊS, QUATRO, CINCO, SEIS, SETE, OITO, NOVE.

FAÇA RECORTES DE NÚMEROS, DEPOIS COLE NUMA FOLHA, FORMANDO UM BONITO PAINEL.

64 SESSENTA E QUATRO

JOGANDO DARDOS

▶ O SUPERLEÃO JOGOU OS DARDOS VERDES.
▶ O COELHO A JATO JOGOU OS DARDOS AZUIS.

A- ▶ QUANTOS PONTOS FEZ O SUPERLEÃO? _____
B- ▶ QUANTOS PONTOS FEZ O COELHO A JATO? _____
C- ▶ FAÇA UM **X** NO VENCEDOR DO JOGO.

R.: A- 9; B- 7; C- SUPERLEÃO.

CONSIGA 10 LATINHAS DE REFRIGERANTE. EM UM PAPEL, ESCREVA NÚMEROS DE 0 A 9, RECORTE-OS E COLE UM EM CADA LATINHA. DEPOIS, JOGUE BOLICHE COM SEUS COLEGAS. MARQUE OS PONTOS DAS LATINHAS QUE VOCÊ DERRUBAR. O VENCEDOR É AQUELE QUE SOMAR O MAIOR NÚMERO DE PONTOS.

65 SESSENTA E CINCO

ADIVINHE SE PUDER

ADIVINHE O NÚMERO QUE PENSEI.

É MAIOR QUE 3.
É MENOR QUE 7.
NÃO É MEIA DÚZIA.
NÃO É O NÚMERO DE DEDOS DA MÃO.
QUE NÚMERO É ESSE?

ESCREVA UM NÚMERO NUM PAPEL E GUARDE-O. PEÇA A SEU COLEGA PARA ADIVINHAR O NÚMERO QUE VOCÊ ESCREVEU. ELE PODE FAZER ATÉ 3 PERGUNTAS E VOCÊ SÓ RESPONDE "SIM" OU "NÃO". DEPOIS, FAÇA O CONTRÁRIO, É A SUA VEZ DE ADIVINHAR.

66 SESSENTA E SEIS

PESQUISA NA CLASSE

FIZEMOS UMA PESQUISA PARA SABER QUAL É A COR PREFERIDA DOS SUPER-HERÓIS.

	VERDE	AZUL	VERMELHO
5			
4			
3		■	
2		■	■
1	■	■	■

▶ USANDO A TABELA ABAIXO, FAÇA A PESQUISA EM SUA CLASSE. PARA CADA VOTO PINTE 1 ☐.

	VERMELHO	VERDE	AZUL	LARANJA	AMARELO	ROXO	ROSA	MARROM	NENHUMA DESSAS
15									
14									
13									
12									
11									
10									
9									
8									
7									
6									
5									
4									
3									
2									
1									

▶ QUANTAS CRIANÇAS NA CLASSE GOSTAM DO AZUL? _____

▶ PINTE O RETÂNGULO COM A COR MAIS VOTADA. ☐

▶ PINTE O RETÂNGULO COM A COR MENOS VOTADA. ☐

PERGUNTE AOS SEUS COLEGAS DE CLASSE QUAL É O SABOR DE SORVETE QUE CADA UM MAIS GOSTA: MORANGO, CHOCOLATE OU FLOCOS. FAÇA UMA TABELA COMO ESTA E COLE CARTÕES PARA MOSTRAR O RESULTADO.

MORANGO	CHOCOLATE	FLOCOS

67 SESSENTA E SETE

SOME E PINTE

LEGENDA

5	6	7	8	9
↓	↓	↓	↓	↓
				🔴

TERMINE DE PINTAR O ROBÔ COM AS CORES DA LEGENDA.

8 + 1
7 + 2
4 + 2
3 + 6
4 + 1
1 + 7
2 + 6
3 + 4
5 + 2
1 + 5
6 + 2
2 + 5

R: LARANJA = 4+1; AMARELO = 5+1; 4+2; AZUL = 3+4; 5+2; 2+5; VERDE = 6+2; 2+6; 7+1; 1+7. VERMELHO = 3+6; 7+2; 8+1.

PEGUE 9 PALITOS DE SORVETE, SEPARE-OS EM DOIS GRUPOS DE TODAS AS MANEIRAS POSSÍVEIS. POR EXEMPLO:

/ //////// OU /// //////

68 SESSENTA E OITO

SORVETEIRO...!

"JÁ FIZ ESTES SORVETES! FAÇA OS OUTROS PARA COMPLETAR A TABELA..."

▶ OBSERVE A TABELA COMPLETA. DE QUANTAS MANEIRAS DIFERENTES O COELHO PODERIA TOMAR SORVETES? _____

 DESENHE E RECORTE NUM PAPEL DUAS CAMISETAS E TRÊS CALÇAS DIFERENTES. MONTE TODAS AS POSSIBILIDADES PARA VESTIR UM BONECO. QUANTAS SÃO?

OBA! DOCES!

"LEGAL! UMA PADARIA ESPACIAL!"

▶ ESTE JÁ ESTÁ PRONTO.

VOU COMPRAR	DINHEIRO QUE TENHO	SOBROU
 R$ 8,00	 1 1 / 1 1 / 5	1
 R$ 3,00	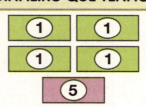 1 1 / 1 1 / 1 1	
 R$ 9,00	 5 1 / 1 1 / 1 1	
R$ 2,00		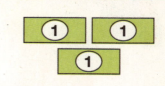 1 1 / 1

▶ COMPLETE OS OUTROS...

R: BRIGADEIRO - SOBROU R$ 3,00. BOLO - SOBROU R$ 1,00. PIRULITO - TENHO R$ 5,00.

AÇÃO! FAÇA NOTAS DE MENTIRINHA DE 1 E DE 5 REAIS E BRINQUE DE COMPRAR E VENDER COM SEUS COLEGAS.

71 SETENTA E UM